神々の試練

世界のシャーマンに認められた男

―青春期2―

まえがき

八歳の時、顔がむくみがちの私を、心配した母が病院に連れていってくれた。診察をしてくれたのは女医さんだった。

「この子は心臓が悪いんで、長生き出来ない」の一言で、死ぬのが怖くて一週間分の薬を三日間で飲んだ。

その薬の副作用で十歳の時に身体中に湿疹ができて、また病院へ。

女医さんに「この子は小児肝炎だね……運動はだめよ」と言われた。

この言葉が、高校卒業の十八歳まで、虚弱な身体のまま過ごすきっかけとなった。

が……そんな腕立て伏せ一回も、懸垂は鉄棒にぶら下がっている事が出来ないぐらい虚弱な私が、何故か？　海上自衛隊に入隊した。

虚弱だった身体が四か月半で強靭な身体に変身。懸垂五七回、腕立て伏せ一五〇〇回、腹筋運動六〇〇〇回まで出来るようになった。

虚弱な身体のコンプレックスを抱えた者が、まあまあの身体に変わってくると今までの生活とのギャップが大きく、そのエネルギーを持て余し、チャレンジ精神が湧いてきた。

以下は「少年期・青春期1」に続く第二弾である。

杉本錬堂

目次

第三章　青春期2

スキューバーを始める

一九七〇年、私は神奈川県横須賀の海上自衛隊の潜水艦部隊に所属していて「あさしお」という潜水艦に乗っていた。水中処分隊という、今で言うフロッグメン（海の特殊部隊）の講習を受けろと辞令が下り、広島の江田島で二か月間の水中処分隊の講習を受けた。

以後、スキューバーが趣味となった。

当時は娯楽的に潜水をやる者などいないので、何処の海でもボンベを持っていると密猟者と思われていた時代だ。

自衛隊の備品を個人的に使う事はもちろん禁じられているので、スキューバーの道具は三歳年上の兄貴の先輩が大沢商会という会社に勤めていたので、その人に頼みVOITというメーカーのボンベとレギュレターを買った。

そのレギュレターはその頃、米軍のフロッグメンが使用していた最新の物で、一般的には黒いゴムで出来たダブルホースだったが、当時では珍しいシングルホースのレギュレターで呼吸も楽だった。

その頃の趣味はスキューバーだったので、給料のほとんどをスキューバーの道具に注ぎ込んでいた。土曜日、日曜日の明けの上陸でも潜りに行かない日は、当直勤務を代ってでもお金は倹約した。当直していれば飯もタダで食えて身体を鍛える時間も持てたからだ。

(海上自衛隊では当直勤務以外の外出日は上陸と言っていた)

潜水艦には浮上するための高圧空気二五〇気圧のタンクを装備している。それは浮上するときに艦の外側にあるタンクに高圧空気を送り込み、タンクから水を吐き出して浮上していくための高圧空気なのだ。

その高圧空気を減圧弁で減圧すると一〇〇気圧のスキューバーのエア

タンクに充てんすることが出来た。

艦内の空気を圧縮するので、ちょっと臭くて、多少のめまいさえ我慢すればタダで充填することが出来たので暇さえあれば潜っていた。

今の時代、例え空気といえども、そんな事をしたら、無断使用で大変な事になるかもしれない。

三年間の満期除隊後もスキューバーを続けていて、年間、ボンベ数で六十本以上潜り、日本では北海道を除く、日本の海岸沿いは、ほとんど潜った。素潜りも十五メートル位の深さまでは潜れるようになって、得意になって潜っていた。

周りにスキューバーをやっている者は誰もいなかったので、ほとんど一人で潜りに行っていた。一人で深深度をやりすぎると危険だよと忠告をされていたが、「俺は大丈夫」といつも言い返していた。

一九七〇年四月、サンゴ礁の海を潜ってみたいと、当時、日本の南の島〇〇島に行く事にした。

その頃の〇〇島は民宿が数軒あるだけの、まだ観光地としてはマイナーなところだった。

船からおりて港で素潜り漁をしている漁師さんの民宿を探してもらい、五日間の滞在を依頼した。そこに泊まる事を条件に、漁に連れて行ってもらう事をとりつけた。

当然、ボンベを使って潜る事は規則で出来ないので素潜りで潜ることが条件だった。

二日過ぎても……漁に行く事はなかった。

同じ民宿に泊まっている人達四人と〇〇島の探検に行こうと言う事になって民宿のおばちゃんに、

「どっか面白いところ無いですか」と聞いたら、

「面白いところじゃないかもしれないけど風穴はあるよ」

「風穴？　……なんですか？」

「行ってみればわかるよ」

話が謎めいて気になったので、そこに行こうとなった。その穴は○○島の中央部に位置する山にある場所で、案内板に従って細い岩だらけの道を下っていくと、まるで「行くな」と言ってるように道は木々に阻まれて、足元さえも見にくくなっている。

その枝を払いながら穴に向かった。その穴は横穴で、奥行きが五メートルぐらいで風が抜けるような穴で、まさに風穴と呼ばれるような穴であった。

風が抜けるぐらいなので、それほど中は暗くなくて、中の状態はうすぼんやりと見渡せる。穴の奥に白っぽい石が無造作に積まれていたと……

思っていた。

ところが……その白い石は、石では……なかった。それは……茶色っぽい白く風化した頭蓋骨だったのだ。おびただしいほどの多くの風化した頭蓋骨、その頭蓋骨は無機質に積まれ、恐ろしさも嫌な感じも、なんの感情も浮かばない。

まるで……大きめの貝殻を見ているような……動揺もない感情だった……。

民宿に帰って、おばちゃんにその事を話したら、おばちゃんは……普通に「あの骨達はこの島に流れ着いた人達で、それを面倒見る事が出来ないのであの穴に入れて葬る」のだそうだ。

ふーーーん……そういう事が普通に起きるのだな……この島は。

オリオンビールを飲んで、酔っ払った頭の中で整理がつかない思いでおばちゃんの話を聞いていた。

もう寝るか……と思ったら、おばちゃんが……

「そうだ、言い忘れたあ、明日の朝は……ご飯が出せないです……申し訳ないです」

「その代り、オニギリを作っておくので、食べてください」


その晩は何故か？　悶々として深い眠りには入らなかった。

ンッ……何か音がして目が覚めた……なんだろうか？　まだ……辺りは……暗い枕元の置いてあった腕時計を手探りで探して、光る針を見たら……まだ五時を回ったばかり。なんだろう？

辺りをうかがうように耳をすますと、隣の部屋で話し声が……アレッ隣の部屋だけでは……ない。外の通りにも人の声がする。

隣の部屋から人が表に出ていく気配を感じて、何故か？　大慌てで短パンをはいて出ていく準備をした。

部屋を出てみると、街灯も無い道を数十人の人が懐中電灯を持って、この島、唯一のまっすぐの道を同じ方向に向かって歩いていく。

大人だけでなく子供の姿まである。


なんだろうか？

背筋がゾクゾクしながらも、皆の歩いていく方に向かった。

十数人が持っている懐中電灯の明かりが交差して、余計に不気味だった。

歩くこと十数分、そのあいだ、私はなにかに獲り憑かれたように、その人達の後についてフラフラとついて行った。

なだらかな坂を上り、ちょっと下ったら、そこにあったものは墓地だった。

もうすでに墓地に着いていた人もいて、なにやら一生懸命に動いている。

「何、してんだろうか?」
覗き見た……うっ……思わず息を飲み込み、呼吸を止めた。
そこに見えたものは、人が……頭蓋骨を手に取って布で磨いていたのだ。
嘘だろう……とんでもないところに……居合わせてしまった。
茫然とその光景を見続けてしまった。
頭蓋骨は真っ白ではなく薄茶色で飴色のような色できれいに光ってい
た事が余計に不気味だった。
墓地の中で十数人が同じように頭蓋骨を楽しそうに磨く。それも……ワ
イワイとはしゃぎながら。それは、この地方のお盆のような日で、その日
は先祖の骨をお墓から出してあげて、磨いてきれいにしてあげるのが習慣
なんだそうだ。
その昔、南の島にはあまり大きな木が自生していなくて、火葬のための
燃料が供給できないので、火葬場が無く、亡くなった人は海岸近くの海に

埋葬して、数か月たったら掘り起こして骨を拾うのだそうだ。骨を磨くのは洗骨と言うらしい。地域が違えば、先祖供養の仕方もこんなにも違うんだなと思い知らされた出来事だった。

四日目の朝、漁師三人と私、計四人で漁に行く事となった。船は丸木船のような細い形で、木の板で作られていて、それに船外機をつけただけの簡単な作りだが、不思議だが異常にバランスが良い。その船がまた異常に速いのだ。

沖縄のコバルトブルーの輝いた海面を水しぶきをあげ、かき分け疾走していく。十五分ぐらい走ったところの環礁に船を止め　三十メートル位サンゴの上を外海に向かって歩く。

足の裏がサンゴの突起で押されて痛い。そっとゆっくり歩いていく。漁師さんはゾウリで普通に歩いている。

「足の裏、痛くねえのかな？」

「慣れて、足の裏が馬鹿に……なってるかも」と思った。

足裏の痛みに耐えながら、ヨタヨタ歩きながら、波が打ち寄せる外海についた。

ここで……いいだろうと三人が顔を見合せたので、じゃあ……とばかり真っ先に海に入ろうとした時、民宿のおやじが大きな声で「○×○×……？？？」と言いながら、私の腕をつかんで制止した。

沖縄を含む奄美諸島の島言葉があって、言葉のナマリがきついのだ。

「何？　言ってんだか？　……判らんけど」

「まだ、海に入るな」と言っている事は……動作で理解できた。

「なんで？　まだ入っちゃ、いけねえのかな」

待っていると、もう一人の漁師が手に持った新聞紙の包みのような物を勢いよく群青色のサンゴ礁の外海に投げた。その包みは風に乗ってフワーーーと飛んでいき、海に落ちて少しづつ沈んでいく。

その直後……「ドーーーン」と大きな音を立て、二メートル位の高さの水柱が立った。

「何だあーーーー？？」

民宿のおやじが
「○×○×……？？？」

やたら、大きな声を出しながら手を仰ぎながら、今度は「早く入れ」と合図している事は判った。

大きな波がリーフに押し寄せてスーーーと引く波のタイミングに乗って漁師の後を追って、水柱の立った辺りの海に入る。

水中マスクで海底を覗くと、下の方で「小さな青い魚や赤い魚」が爆発のショックを受けて腹を見せながらヒクヒク泳いでいる。

民宿のおやじがそっちを指差しながら潜っていく。

息を目いっぱい吸い込み、後について海底に潜っていく。

その小さい魚、沖縄の海は透明度が高いので、小さく見えただけで近くにいくと四十センチ位あるのだ。

その青い魚を手づかみで捕まえる。もう一尾の赤い魚を追っかけた。その一尾がヒラリ、ヒラリと逃げて、なかなか掴むことが出来ずに、更に追って……やっとその尻尾を掴み、両方の手に魚を掴んで海面に上がって行こうと思い上を見た。

そこに見えたものは、白くキラキラ光っている海面に、三人の漁師の影とマッチ棒のように小さくユラユラしている丸木船の黒い影だった。

「エッ……あんなに小さい」

思わず深度計を見た。

十八メートルを指していた。

「いけねぇ　深すぎる」魚を掴んだまま、足フィンを、目いっぱいあおり、慌てて、光っている海面に向かった。

海面はなかなか近づかない、焦って、更に強く足フィンをあおった。目の前にちらちらと黒い斑点が見えたと思った瞬間、気を失った。

気がつくと二人の漁師に腕を抱えられながら海面に浮いていた。

どうしたのか？　聞いたら、二人の漁師は私が潜っているのを見て、「あんな深く潜って……あの、やまとんちゅー　大丈夫なんだろうか」と見ていたら、突然、足を下に沈んでいったので、あわてて二人で追っかけ、手を掴み、海面まであげたという事だった。

その時、その二人の漁師さんが見ていてくれなければ、多分……海底まで沈んで死んでいた。

この事件があってもスキューバーは止めなかった。

出来なくなってしまったのは……それから一年後。

その日、風邪気味で鼻が詰まっていたが「大した事は無い」と思って伊東の海岸に潜りに行った。友人が東京から来ていたので潜りを見せたくて、潜りに行ったのだった。

伊東の海の埋め立てた場所での潜り。その場所は防波堤から数メートル離れた所にあるが、防波堤の上に立つと深さ十五メートル位、潜っているところが見える。その事を知っていたので、その場所を選んだ。

自慢したかった。友人に見せたかったのだ。

ボンベを背中に背負って、いざ海に、数メートル潜ったとき、眉毛のところが刺すように痛んだ。今まで経験した事が無いような痛みだった。

少し我慢すれば大丈夫だろうと鼻抜きをしながら、一気に深いところに
……潜って行った。

その時、グジュと鼻の奥で音がして……目の前が真っ赤になった。一瞬、何が起こったのか判らなかったが、自分に「落ち着け」「こんな時は落ち着け」と言い聞かした。

大きくボンベの空気を吸ってゆっくりと水中でマスクをはずし、手で洗った。ぼんやりと見える海中の中で手の平に赤い筋が通ってユラユラと海水に溶けていく。鼻からの出血だった事が理解できた。

スクイズという障害で眉のところに空洞のような身体の部分があって、その部分が水圧で潰れてしまったのだった。

風邪気味で鼻の通りが悪くなっているのに無理して……潜った。

体調も考えずに友達に潜れる事を・・見せたかった。

過信だったのだ。

以後、その鼻の部分は二度と完全には回復する事が無く、深く潜ることが出来なくなった。あちこちの町の医者や大学病院まで行ったが、担当してくれた医師の答えは同じ「今の医学では治りません」

若い医師には「別にスキューバーが出来なくても死にはしないからいいじゃないですか」

その言葉にはムッとしたが……諦めるしかなかった。

「今までの収入をすべて注ぎ込んだのに……もう使えない」

潜れなくなったならば……生きていてもしょうがないとまで思った。落ち込んで暫くの間、海に近づくこともしなかった。再び海に戻ったのは……。

パティシエになる

海上自衛隊を満期除隊してからの一年間は、定職にも就かないで、遊び回った。

遊びまわっていると不思議だが、それなりの遊び人の出会いが起きてくる。昔の悪童たちとの再会である。

昔の私は、不良グループの腰巾着のような存在だった。

パンをもってこい、金を持ってこいと脅されっぱなしだった。パンを持って行っても殴られ、お金を差し出しても殴られる。彼らにとって私は大事な資金源とイジメの対象だったのだ。

その恐ろしかったワルと偶然、街中の道路で出会った。

それでも……懐かしさのあまり窓を開けて、

自衛隊を退官して、さすらいの時

○○君――と声かけた。
彼は、おっ……と顔をほころばせながら近づいてきた。

車内を覗き込むようにして
「ようーー杉本、しばらくだな、金貸せ」といきなり、昔と同じ口調で言った。心の中で「なんだよ」と思いながら、

「エッ……金なんて……無いよ」と言い放った。

本当は……持っていた……昔と同じ様に。

さらに……もっと大きな声で、

「オメエーなんかに、やる金なんか……持ってねえ」

かってないぐらいに強気で答えた。

「ナマ言ってんじゃねえーぞーー、降りろ」と凄んできた。

血の氣がスーーーと引き、頭がゾワゾワして来て、車を降りた。そいつと向き合い、睨みつけた。その時までは気がつかなかったが、そいつの顔

の位置が私より十センチぐらい低くて見下げた状態だったのだ。

彼は私を見上げながら、私の身体つきを見た瞬間、顔つきが変わった。その瞬間に殴っていた。もうすでにケンカにならなかった。あんなに大きくて力の強いはずだったアイツがこんなに小さくて力のない奴だったとは。それが、更にやるせない気持ちになってメチャクチャに殴った。


その事件がきっかけになって全てを話せないほどの、暗黒の……一年が始まった。

定職にもつかないまま、年が明け、二月になろうとしていた。その日の夕方、コタツに入って寝ころびながら漫画を読んでいたら、フスマがガラッと開き、おふくろが部屋に入ってきて座り、

「ちょっと起きてーー話を聞いて。進、お前が帰ってきて以来、この家には一日たりとも平和がない」

一日たりとも家に平和がない「出て行って」

せきを切ったように「出てってーー」と泣いた。

ヤレヤレと思いながら身体を起こして、コタツの上に置いていた飲みかけのコカ・コーラを一気に飲んで、考えるふりをした。

翌日、親父と車に乗ってパンの配達を手伝っていた時、

「親父……俺、家を出てった方がいいかなあ」と聞いた。

「そ、そ、そうだな、出てった方がいいかもな」

と、どもりながら親父が言った。

そうだよな。この家に帰ってきて以来、兄貴と揉める、弟と揉める、ヤクザな友人は家に入り浸る、警察が事情聴取に来る。

毎日、日常的に揉め事が起こるのだから……

さて、そこまで、親父にまで言われたら……どうしよう。

どこかに勤めるか。いや、ムリ。どこかの営業に雇ってもらうか、それ

も気が進まない。

　菓子でも作るか……？

　お菓子ならパン屋の親戚みたいなものじゃないか。

　そうか、菓子だったら家業に近いし馴染みもいいからと考え、情報を手に入れるために、家が定期購読していた菓子屋さん向けの機関誌『ガトウ』（毎月発行）という雑誌を開いて見た。その本にはお菓子の作り方や材料の説明、人材募集の記事が載っていた。

　真っ先に目にとまったのが、東京製菓学校の広告だった。

　親父に、

「製菓学校へ行こうと思っている……入学金は出してくれなくてもいいけど……毎月の仕送りはしてくれる？」と聞いた。

　親父は、

「製菓学校か？　……理論を学ぶにはいいかもな。実技はともかくとして……理論はしっかりと勉強しておけ。仕事は現場で覚えられるが……理論は学校でしか勉強できないから、仕送りはしてやる……頑張ってみろ」

三月の下旬、上京した。下宿先は三歳上の兄貴のところに転がり込んだ。西武池袋線の江古田という駅から十五分ぐらい歩いた八畳一間のアパートだった。

学校は楽しかった。自衛隊生活は精神的にいつも縛られている感じがあり緊張感がどこかにあって三年間を過ごした。自衛隊退職後はその反動で勝手気ままな一年間を過ごしたが、製菓学校は、それとは違って、人との競争もなく自分の努力次第で技術を習得するので、本当の意味での自由を感じた。

学校は一年半で卒業、学校の推薦で東京渋谷区代官山のある有名店に勤める事になった。その店は当時、名門のレストランの姉妹店のお菓子屋でレーズンを挟んだお菓子で有名だった。

給料もそこそこ良くて、生活もできると思ったので期待は大きかった。

実際、入ってみると、驚いた、一日中、その有名なレーズンを挟んだお菓子だけの製作をしてもらうとの話。一日に一五〇〇個のレーズンを手で握るという。

それも見習いに入ったら一、二年、次の見習いが入ってくるまではその仕事だけと言うのだ。この単純作業の仕事は、私は……我慢できない。

さてどうしようかと思った。

学校の推薦もあり、のちに私の仲人さんになってもらう人の紹介もあって入ったので、ちょっと辞めにくいぞと思ったが、二日目一五〇〇個のレーズンを握り終わった時に、……何が何でも……辞めようと決心をした。

三日目の朝、仕事着に着替えもせずに工場長に話をして辞めてしまった。

三日坊主と言うが、三日ももたなかった。

その足で紹介してくれた人のところに挨拶に行った。紹介してくれた人は製菓学校の特別講師で最も尊敬できる人だ。

新宿から小田急線に乗って南林間のその人の店に着くまで、どんな言い方をしてお詫びしようかと考えていた。店の前に立ち、大きく息を吸い込み店のドアを開けて中に入った。

その人はショーケースの後ろで、忙しそうに仕事をしていた。ガラス越しに顔が見えた。じっと見ていたら……気がつき、ニコッと笑って……粉だらけの手をあげてくれた。

「申し訳ないです、三日ももたずに辞めてしまいました」

「あーーそうなの？　辞めると思ったよ……」

「エッ、どうしてですか？？」

「まあいいじゃないか、辞めてしまったんだから。それなら、私の知り合いで葉山の方で開店したばかりの店だけど、いい仕事をしている店があるから、行ってみるかい？」

ありがたい。紹介した店を三日ももたないで辞めたと言うのに、次の店を紹介してくれるなんて。次の日に葉山まで出向き、その店に行った。


その店は葉山鐙摺海岸の傍にある英国風の小さめの建物で、湘南では有名な「葉山フランス茶屋（日影茶屋の支店）」だった。

午後に来いと言われていたので、午前中に家を出て横浜駅から東海道線に乗り、大船で横須賀線に乗り換え逗子駅で降りる。

自衛隊時代はこの横須賀線には何十回も乗っていたので懐かしいはずだが、ちょっと緊張していた。

逗子駅から更にバスに乗って十数分で鐙摺海岸に着く。海の隣にあるぐらい海に近い。環境は抜群だった。

そして、お菓子の修行が始まった。お店は開店したばかりで製造作業員は私の他にチーフを含む五人だった。当時には珍しく高級なお酒をお菓子に使っていて、他店には無い味で、オシャレ度、お菓子の美味しさは他の店には無いものだった。

このフランス茶屋には、二年間ほど勤めたが、このわずかな二年の間に店はみるみる有名になって当時の女性誌に相当、掲載されていた。店は大繁盛、入った時から辞めるまでの二年間で、伸びは三六〇％増しというとんでもない数字だった。

毎日始発に乗って帰りは終電に近い。毎週火曜日の定休日にも忙しいシーズンは午後には出社して仕事をしていた。毎日が戦争のような忙しさに追われていた。

立地条件も葉山、店もおしゃれでテレビや映画のロケにも使われてたりで、菓子業界でも知らない者はいないと言われるぐらい有名になって、サザンオールスターズの歌にも出ていた。

二十三歳でフランス茶屋に就職。二年経った頃、茶屋を紹介してくれた人から新しい店のプランニングを任されたので、その店のスタッフに来てくれないかとの話になった。義理もあり、筋を通さねばならないと思ってその店のスタッフになる事を決めて店を移る事となった。

店は東京・祐天寺の「モントロー」というお店でその店のセコンドになった。セコンドと言うのはチーフのすぐ下の事で、日本語で言うと副工場長。その店のチーフは身長一八〇センチ近く、背がすらっと高く色白で神経質そうな張り出した顔にメガネをかけた人で、性格も見た目そのものだった。

いつも何かイライラしている風で、突然、訳の分からない仕事を言いつけるのであった。

サブ……私の事をサブと呼んだり、杉本！　と呼びつけたり、スーーちゃんと愛称で呼んだりで……暫くすると私の事を呼ぶときの呼び方で、何を考えているのか、ある程度、理解できるようになった。

「サブ……来週から、毎週、新しいお菓子を一品ずつ考えて、商品として出してくれ」

「エッ……俺が……」

チーフの顔を見た。その眼鏡の奥で意地悪そうな目つきで、

「茶屋にいたんだから……できるだろう？」

と嫌がらせじみた言い方にちょっとムッとして、何とか出してやろうと思い「判りました、なんとかやってみます」と答えた。

そうは言ったものの、私のレパートリーはそれほどあった訳ではなく、製菓学校時代に無理して買った厚さ十五センチもある世界洋菓子辞典の本を読み、その本を見ながら作ったのだった。

この嫌がらせともつかない要求に必死に応えようとした事が、私のお菓子のレパートリーを多くする結果となり、お菓子のショーケースにも「今週の新商品」として店に出す事ができて、どんなお菓子が売れるのか？どんなお菓子が消費者の人にうけるか判り、自信にもつながった。

一年間で計四十品は新商品として作り上げた。新商品を作ることは仕事的にはかなりきつい仕事だったが、この事が何事にも勉強する習慣がついた。

チーフは店でも外にいても偉そうにしていたが、驚く事に私より一歳だけ年上で、当時は二十六歳だったという事を知ったのは、その店を辞めてから二年後だった。

「モントロー」も一年で有名になった。

翌年、二十六歳で東京国立に製菓学校の同級生の店を立ち上げ「菓子の木」というお店を作った。

この店が、菓子の木第一号店となった。

この菓子の木のオーナーは私より一歳年下で、二十五歳、彼は製菓学校に在学中から、私に「僕が店を開店するときはチーフをやってよね」と、いつも言っていたのだ。

その度に
「任せておけーーその代りピザを奢れよ」

「今日は中華が食べたいので、中華を食べさせろ」

と要求していた。

製菓学校時代は彼女……今の女房と同棲していたので、経済的にも困っていることが多くて……金持ちの彼が奢ってくれるご飯や、持ってきてくる食べ物に魅力があったからだ。

彼は製菓学校に入学したばかりのころから、妙に私に近寄ってきた。見た目は太っていてモサッとした感じで、どこか田舎のお兄ちゃんのように見える。

ところが、彼の家は東十条の歯医者さんで、その家の二男で伊豆高原に別荘も持っているお金持ちだったのだ。

一年間だけという条件で、彼の店のオープニングを手伝った。この店もすぐに有名になった。当時は思いついた事が次々とヒットして大きな自信を持つ事となった。

この時代はケーキ屋さんが大流行で、驚く事に、私の周りのケーキ屋さんのオーナーやチーフの年齢が、ほとんど二十代だった。

自立、自分の店を持つ

翌年、一九七七年、二十七歳で静岡県の伊東市の郊外に自分の店を持った。店名は菓子の木にした。菓子の木第二号店の開店だった。

店は伊東市の町のはずれにあって商業的には決して良い場所と言えなかった。町中の一等地は家賃や敷金が高くて借りる事が出来なかったのだ。

この店が立地条件は悪かったが、メチャクチャ売れて大繁盛。時代もフランス菓子ブームだったせいもあって当たったのだった。

当時、女性誌では「アンアン」「ノンノ」などがあって、フランス菓子特集の記事に私の店もよく掲載された。新製品も出せばすぐに大ヒットで、おお、俺のセンス！　俺の手腕！　俺は!!　俺は天才だ！　と自己賞賛を繰り返していた。

当時、伊東にはフランス菓子専門の店はなかった。お菓子は小さく、値

初めての自分の店「菓子の木」

初めて自分の店を持った

段は高い。市の商工会のアドバイザーは、
「あんな店、気取っているだけで店も入りにくい、商圏も時代のニーズも考えないような営業ですぐにつぶれてしまう」
と否定的な評価をしていたそうだ。

私自身は時代が早く、普通の感覚の人には判りにくいだけなのだと思っていた。だが店は大繁盛。勢いがあって、一九七九年、二店舗目を出した。その店の場所は駅前で人通りが多く、近くに大きなスーパーもあって誰もが「あの場所はいい場所ですね」とほめてくれた。

そこのスペースはいくつもの企業が申込み、抽選となっていたが、家主さんが「菓子の木さんは、きれいな商売なので、決定しています!! どのスペースでもいいので選んで下さい」と言われたぐらいだった。

銀行も「是非うちを使って下さい」と支店長自ら店にまで来て挨拶をし

ていく。まるで優秀なプランナー気取りの自分がいた。

店の造りはスペインから古レンガを輸入、壁は漆喰、床はヒノキ材、テーブルはサザビーから買ったアンティークを使い、家具はオーダーメイド、コーヒーマシンは何百万もするスイス製など、凝りに凝り、大金をかけて作ったお店。

「これで菓子の木は不動のお店になるだろう」

と自分でも思っていたし、周りの人達もそう思っていたらしい。ところがところが、開店したお店にはお客様がほとんど来なかった。

思惑は……大外れ

その支店は毎日、ＢＧＭだけが流れているだけで、いつ行ってもお客さんが来ている気配はなく閑古鳥が「ヒマーヒマーと泣きながら飛んでいて」、店内をよーく見ると「お店の中を火車があっちこっちと行き来している」感じが……した。

天才が天災になっていた。

それでも、なんとか五年は頑張って、営業したが一向に店の売り上げは上がらなかった。いよいよ店が危なくなって「何とかしなくては」と思ってはいるが……天災状態の私にいい案が浮かぶ訳がない。

その年の十二月三十日仕事が終わり、家に帰ってかみさんに「今年はどのぐらいの赤字で回ったんだ？」と聞いた。

ある覚悟決めていた。

「そうねえー　今年は三〇〇万ぐらいかなあ」と意外と呑気。

「そうか……」胸に込み上げるどうにもならない不快感が襲う。

和服ダンスの一番上の引き出しを音がしないように開けて、そこに入っている保険の証書を見た。保険の条件を見たら、死亡したときの金額が三〇〇〇万円――。……借金が約三〇〇〇万円「死ねば片がつくか」。小さく吐いた。

晩飯を食べて皆が寝静まった頃を見計らって、忍び足で玄関から表に出た。外は師走の風が冷たく吹いていて、その寒さに凍えているように、電線がピュウピュウ泣いている。

月は半月で駐車場の砂利の石が白っぽく浮き上がるように光っている。愛車のカローラ・バンのバックドアを静かに開け、車のルームランプを頼りにウインド・サーフィンで使っている細めのロープを探して手に持った。

駐車場の砂利が音をしないようにゆっくりと横の畑に向かった。家の横はミカン畑で、畑の間にナラの木が一本あって、二メートルぐらいの高さに横枝がはり出ていた。その横枝にロープの片方を投げ、輪を作った。

小刻みに震える手でその輪を首まで引き寄せた。

何故か、不思議だった。

手は震えてはいたけど恐れは何もなくすんなり事を運べそうだった。

首まで持っていった手を輪からはずし、あとは段差のある方向に勢いよく足で蹴ってしまえば……お終いだ。

膝を曲げ、勢いよく足で蹴ろうとした。

その時、急に「アレッ俺の命って三〇〇〇万円か？」

と考えてしまった。

「天才と自負していた俺の命が……三〇〇〇万円か？」

大慌てで首にかけた輪を外し、大きく息を吸った。

「もう一回、年が明けたら銀行に当たってみよう」

「そうだよ」と自分自身に言い聞かせるように声を出してしまった。


年が明け、八日に仕事始めで開いたばかりの銀行関係を回った。信用金庫、静岡銀行、スルガ銀行と、支店開店前にご挨拶に来てくれた銀行に行き、窓口の女性に「支店長にお会いしたい」と告げると、奥に行って、五分もしないうちに戻ってきて「無理ですね」と一言。

ある銀行では、あんなに頭を下げて、お願いにきていた銀行の支店長が店に入ったら、目も合わせないで出てきもしない。

何軒回っても……同じような状態だった。

おそらく一軒目の店が繁盛していて評判になって……二軒目を出してダメな事も評判になっている。

「やっぱり駄目か」

諦めて、車に乗った。


がっくりとしてボーーッと運転していた。

はっと気づいたら……いつもと違う道を走っていた。

その時、目に入った看板があった。

「みんなの農協・住宅ローン応援します」

「農協か？　ダメもとで……寄ってみるか」

ドキドキしながら入って行った。

貸付窓口と書いた札の向こうに、ちょっとあばた顔の細身のスタイルでメガネをかけた男がポケットに手を入れ、立っていた。

私の顔を見て「何?!」とその男はぶっきらぼうに言った。

「何って!!　俺は!!　これでもお客さんだぞ」

「それにポケットに手を突っこんだまま、話すな」と心の中で思って、ムッとした。心を落ち着けようと椅子に座った。

「実は……」今の店の状況、これからもっと勝負したい事などを話した。間髪抜かさず、彼は「あんたさあー　どこに行ってもそんな話をしてるの？」

「あんたさあーって……俺はお客だよ」と、また心の中で思った。

暫く沈黙が続いて、

「銀行ってさ　弱い相手には鼻もひっかけないよ。でも、あんたの話は面白い」

「だから!!　あんたって呼ぶな」お客なんだからと……また思った。

「そんな感じじゃあーー事業計画、返済計画なんて書くのは無理だら」と伊豆弁丸出しで言った。

ムッとしてたんで、

「じゃあーーあんたが、その何とかっていう書類を出したら、お金を借りる事が出来るのかい？」

「そりゃあーー上に出してみないと判らんけど……貸付だから」

彼が事業計画、返済計画、諸々の書類を書いてくれるのを手伝ってくれる事となった。

計画はこうだった。

今、赤字で困っている店を閉めて、よその場所に売店だけの店を出す。最初に営業した店も閉めて伊豆高原に土地を購入して自宅と店を作る。

更に借金は多くなるけど勝負だと思った。

三店舗目の立地条件はあまり良くなかったけど、五坪で家賃四・五万の小さな店をつくる事が出来た。

結局、土地は購入出来たけど、家を建てるほどは借り入れが出来なかった。

「最初は営業しない土地なんて欲しくはない」と思ったが、かみさんがどうしても土地だけは買おうと強く主張したので購入した。

ピンチからチャンスに変わった。

小さな店は、何故か場所が悪い割には繁盛した。

その上、買った土地がバブルの最盛期になって、一五〇〇万で買った土地が二年後には四五〇〇万円近くになっていたので、そこを担保にして翌年の一九八八年、現在の伊豆高原に住宅と店を兼ねた建物を建てた。四店舗目の「菓子の木」だ。

この男がいなければ……先は無かった。

自宅での店オープン

易者が妙なことを言った

二店舗目の経営が苦しい時に私生活でも色々あった。かみさんが二人の子供を連れて出て行ってしまったのだ。

「人生に対して求めるものが違う、店を大きくすることだけを考えて、家庭を築く事に意識が無い」というのが理由だった。

確かに亭主は稼ぎさえ良ければいいと考え、仕事と遊びしか頭に無かった私は、

「仕事を一生懸命にし、お金を稼ぎ、裕福な生活ができるようにすれば、遊んでいてもいいじゃないか」と周りにも豪語していた。

親に保証人にはなって貰ったが、自分で借金して、一日十八時間は働き、二年間で借金は返す事はできたし、支店も作って、店も大きくしようと努力していた。

人にとやかく言われるような事は何一つ無い!!

ところが……自分の力ではどうにも動いていかない現状が目の前にあった。今までは何とか努力して様々な事を切り抜けてきた。いや、切り抜けられた。だが!!　人の気持ちと価値観は、例え肉親と言えど支配することや変える事は出来ない。

かみさんと子供が出て行ってしまった家に、一人で生活をする事となった。そんな俺の状態を見て、高校時代の友達が、訪ねて来て「さすがのお前も困っているんだな……ワラをもつかみたいか？」と聞いた。

珍しく……「ああーーつかみたい」と正直に答えた。

すると、その友人は「俺のワラは易者を紹介する」と言った。

「ああ、またか……」と鮮明に思い出すことがあった。

二十一歳で自衛隊を退職して、家でぶらぶらしている時、人が変わったように暴れていた時、おふくろが心配して、易者にでも見てもらったらと何度も言った。

おふくろが何度も言うので、一応、親父に相談してみた。親父は自分で何でもテキパキ決めて、自分で思ったとおり行動する人なので、なにか適切な助言がもらえると思ったからだ。ところが、その親父があっさりと、

「いいじゃないか。私も困ったときによく易者に見てもらいこの家も店も、易者に言われた通りに建てたんだ」

親父は「間違いは無い」と思い込んでいるので、易者のところに行く事となった。その時の易者は四柱推命で占う先生だった。

その先生が言った。

「ほほう、五黄《ごおう》の寅《とら》だ。波瀾万丈だね。こりゃ大器晩成だ。君の真価は六十歳を過ぎてからだね」

二十一歳の時に、六十歳過ぎになって真価が出る？　何を言っている？　四十年も先のことだ。気が遠くなるよ。何が大器晩成だ。そんなに待てないよ。

「聞くんじゃなかった」

でも……遅くても、よくなる事はなるんだから……まあいいかあと思った。あの時以来二回目だ。

今回の易者は東京大森にいた方位学の先生だった。

「うーーん大殺界の時期だな、なるほど、今までは順風満帆に事が動いていたが、あなたは非常に運がいいので、普通の人では『八方塞がり』と言うが君の場合、倍の『十六方塞がり』だな。今回の大殺界は三年で『ありがたい』と思いなさい、もうすでに一年が経っていて、あと二年だな」

「あと二年って？？　……じゃあ……どうすればいいんですか？」

易者さんが言った。「十六方塞がりと言っただろう‼　前に進めば災難に遭う。進まなければ沈んでいく。前にも行けず、あとにも引けず、上にも下にも逃げ場が無い」

更に「君は何か宗教をやっておるのか？」と聞いた。

「いえ、何もしてません」

「そうか、だったら、写経か写仏か何か書いて、じっと耐えるしかないな」

そして「君は運命というものは自分で切り開いて行けると思っているんだろう？」

心の中では「そうに決まってるじゃないか……俺は、俺はこれでも、人より努力しているんです」

と思いながら、口からは小さい声で「努力してます」と言った。

易者の先生はやさしく言った。

「努力する事さえも運命で決まっていたとしたら、どうなんだ？」

「アッ……」背筋を熱いものが走った。

「そう言われればそうですね」

一瞬、何かこの人にだまされたような気がした……が、引っ越した時期、方向、状況は嘘のように当たっていたので、認めるしかなかった。

自分の力ではどうにもできない事は、この時、

「自分の中に飲み込まなければならないんだな」

と自分に言い聞かした。


かみさんと子供が家を出ていたので、一人きりの夜は暗闇の中でローソクを灯し、火を見つめ、朝方は早く起きて写経をした。

定休日の度に会いにも行った。その甲斐があったのか、私の考え方が変われたのか、それともかみさんが諦めたのか、三か月近くが過ぎたある日、

かみさんが「戻ることにした」と言って戻り、家族は元通りになった。

この二年間は結局、店は新しい商品を出しても売れず、自動車事故は二回も起こす。友人に車を貸せば事故に巻き込まれる。人との揉め事は絶えずあって、諦めてじっとしていたら皆の非難を受ける。本当にこの二年間、いや!!　三年間の経験で、自分の力では……どうにもならない事を大きな力で動かされている事を知ったのだった。

その大殺界が終わった時に農協がお金を貸してくれたのだ。


それ以後、何かの決め事をする時は易者さんに聞く習慣になってしまった。伊豆高原の土地を購入する時も、買う時期や方向を尋ね、決めていく。あれほど、自分の事は自分で決めていたのに。

こんなに他力本願でいいんだろうか？　と考える事もあるが、よく考えてみると、自分の流れを知って行動を起こした方が楽に動ける事を知った。

そして、一番、変わったと自分で思う事がある。

この大殺界が起きるまでは、お菓子の仕事は自分の思い描いたとおりに事が運んでいたので、関わった店は大繁盛した。

それで、店がうまくいっていない人のカウンセリングなどを頼まれる事が多くあった。

その頃の俺は、いつも偉そうに
「リサーチしたんですか？」

「店の商品の質はどうなんですか？」

「店づくりに意識を向けていますか？」など、
一方的に話していた。

今も、その頃の自分自身振り返ると胸がドキドキし、顔から火が出そうな気持になる。相談を受けると、やっと「一緒に考えましょう」という言葉が出るようになった。

大殺界も終え、店は何とか持ちこたえられる状態になった。

そして家を建てようと思った時も、大森のいつもの易者さんに観てもらいに行ったのだった。

すると、

「なるほど、やっぱり運がいいな、この土地は生かさず殺さずのいい土地だ」

「ん？　……生かさず殺さずだって？？」

「それと、腰掛けとしたら、いい動きじゃな……よろしい」

これから家と店を建てると言うのに生かさず殺さずですか？　……なんで？？

それと……腰掛？　……その動きがよろしいんですか？

何となく嬉しいような、嬉しくないような複雑な気持ちを感じながら、伊豆へ帰った。

結局、その占いどおりに、お菓子屋さんから天城流湯治法をする事になって、お店も閉めてしまう事など、この時に判るはずもない。

でもね、なんかおかしいこと、不思議なことがずっと続くと、「あ、あれか」と易者の言葉を思い出す。

思い起こすと、あの時が妙なことのスタートだったのか……？

それに、「五十歳過ぎて、お前の身の上に大きく何かが起こる、本当の仕事が始まる」というセリフは、その後の人生で出会った何人もの易者に同じように言われてきた。

覚えているだけでも、二十二歳、三十六歳、四十九歳、五十五歳と巡り会う易者に全く同じことを言われるのだ。

出会った易者さんの中には、頼みもしないのに私を占う。

「そして、もう少しの我慢だから……　これから良くなるよ……　こんなふうになるよ……」

だんだん、言われたように事態が転がっている。面白い、符丁が合う。

さて、これから、どんなふうな事になっていくか。

大器晩成……どうなんだろう？

ウインド・サーフィンにはまる

眉の近くにある空洞の部位と鼻の穴までのパイプになっているような部分が無理な潜水によってつぶれて、二度と潜れなくなってしまったので海にしばらくの間、近づかなかった。

久しぶりに海岸に行ったら、サーフボードでもなくヨットでもない不思議な乗り物を見つけた。ウインド・サーフィンだ。

ハワイから誰かが五本ほど購入してきたもので　乗り方もわからないという。ヨットを乗りたくても買えない人の安価な乗り物みたいだ。

ボードに立って、マストについたブームというものを手で掴み、足で踏ん張ってボードを動かす変な乗り物。どうやって方向を変えるのか判らない。

おまけに手で握るブームというものは木でできていて、四角っぽいので長い時間、握っていると手が痛くなる。何とも奇妙な乗り物だったけど、五本のうちの一本を買った。

その乗り物を、乗れるようになるまでは相当に時間がかかった。

乗り方を教えてくれる人も、教本もなく、身体で覚えていくしかなかった。まずボードの上に立ち、アップホールラインという紐を引っ張ってマストを起こし、ブー

ウインド・サーフィンに乗る

ムを握らなければならない。

そしてブームを引き込むと走り始めるのだが、足の踏ん張る位置が違っただけでボードはあらぬ方向へと回ってしまい、風が逆になった途端、ひっくりかえってしまう。

何度も何度も立っては転び、転んでは立つ。ひざはすりむけ、腰は痛くなる。何とか進んでいくとブームを離して、海中に降り、ボードの方向を変え、再びマストを起こしブームを握って走り出す。このウィンド・サーフィンの方向転換ができない。

弟がホビーキャットというカタマランのヨットを持っていて、二年ほど乗りまくっていたのでヨットの方向転換である。

風上に向かっての方向転換のタックと風下に降りてする方向転換のジャイブなどは知っていたが、立ったまま、タック、ジャイブの仕方を把握するまでは、かなり時間を要した。

この乗り物の扱いにくさが反対に好きになり、暇さえあれば海に行く様になった。遊びはいつも「はしり」をやりたい人なのだ。

「はしり」とは誰も知らない、見た事もないような時に始めていることを「はしり」と言う。

それは本来、目立ちたがりの性格がなせる技なのか。それとも感覚が鋭いので先見の明があるのか？　やっと乗れるようになったら、ウインド・サーフィンにはまり、虜となった。

この遊び、自由に海を走り回る事ができて、コンパクトなので車の上に積め、どこの海にでも出かけられる。おまけに車に積んだままで保管できるので、横着者な私にとっては好都合だった。

伊東の海にも少しずつ、ウインド・サーフィンの人口も増えはじめて、何艇ものカラフルなセイルが浮かぶようになった。

それと同時に勢力争いが始まった。

海は広いし、お互い、干渉し合わなければ何の支障も無いのに……。広い海で遊ぶのだから、広い気持ちでいないとダメだと思っていた。

なるべく面倒な事に巻き込まれたくないので、人がいないような場所に居る様にしていた。

人がいない伊東海岸の南側のエリアにセーリングの後、休憩していたら、そこにアコチャンが来

愛娘さんと「楽しいぞー」

た。伊東湾でハーバーマスターと呼ばれている人だ。彼は不思議な人で仕事をほとんどしていない。

何をして、生活しているのか判らない人で、いつも海にいる。

「オーーーッ」手を挙げて近づいてきた。

何となく「面倒くさい話になりそうだな」と感じた。

「あのな、伊東の海もウインド・サーフィンの連中が多くなってきて、お互い、いがみ合ってるだろう?」

「…………」

「それでな、わりいけど、おめえにまとめて、貰いてえと思ってよう」

と伊東弁で言われた。

やっぱり面倒な話だ。

「この人の言う事を断ると、余計に面倒だろうな」などと考えながら返事をどうしようか迷っていた。

このアコチャン、察知能力がいいのか？　更に「おめえ一人に責任をおっかぶせる積りじゃねえから」と言った。

「…………」

本当に面倒くさい事になりそうだ。

「いい風も吹いてきたし、また、セーリングをしたいなあ」と考えていた。

「なあーー、頼むよ」

「俺に、まとめる力なんかないよ」

「いや、どう考えても、おめえしかいねえ」

「…………まあ！！　いいかあ、判った！！　やるだけやってみる」

「オーーーッ、たのんだぞ」

それから、あちこちで話を聞き始めた。この伊東湾に三つのグループがあり、お互い、牽制し合っている事が判った。

ひとつは「浜乞食」と呼ばれているグループで、彼らは風が吹いてしまうと仕事をそっちのけで海に出てしまう人達で、社会性に欠けていて個の強い人達。自慢できる事はウインド・サーフィンの腕だけなので……人の技術をけなす。

ひとつはサンデーセイラーと呼ばれるサラリーマンで日曜日や祝日になると現われる人達で、堅実な生き方をしていない者に対して嫌悪感を持っている。

それに、この地域独特の仕事で旅館などに勤めていて「空け」の時間で楽しんでいる人達の集団。この人達は空いた時間を楽しく過ごしたいと考えている。

それぞれの時間帯が違うので揉める原因など、どこにもない筈なのに揉めているのだ。本当は何で揉めているのか判った。

お互いの技術の良し悪しを批判し合っているのだ。

下手、上手の批判なのだ。下らないとは思いつつ話を聞いた。結果、「井の中の蛙」状態。

その頃、ウインド・サーフィンの道具は湘南に行かないと買えなくて、そのショップの代理店の様な事をしていたので、そのショップに湘南のエリアの状況を尋ねた。

湘南も勢力争いがあるが、エリアごとに代表者がいて、会合をしながら何とか均衡を保っているとの話。

下手、上手の批判ならば、もっと、上手な人を呼んで、自分たちの腕が目くそ鼻くその状態である事を知ったら、揉めなくなるだろうと思い、プロに伊東に来てもらい、テクニックの勉強会をする事にした。

当時のプロのウィンド・サーファーが何と伊東に二人も来てくれ、その腕を披露してくれた。運が良く、その日の風は伊東の人達が海に入れないぐらい強く、海は荒れていた。

桁違いの技術に一同、唖然とその技に見惚れた。それ以後、揉める事が減った。

二年で伊東フリートを創設。フリートとは艦隊と言う意味で集団と言う意味でもある。人数は一〇〇名を超えた集団となった。

社会的に認めてもらいたいと思い、伊東市ヨット協会にも所属して協力し合った。

三年目、力を貸してくれた湘南のショップの人達に声をかけて、ウインド・サーフィンの大会を開催。この時代、日本全国でも最大クラスの大会を三年ほど続けた。

湘南方面でも伊東フリートのまとまりについて、高い評価を受けた。それからのウインド・サーフィンはレース派の大きめのボードに乗って楽しむ人と、波に乗りながらボードに乗るウェーブ派に分かれ始めて、私はそのウェーブ派であった。それがウインド・サーフィンの「はしり」になった。

道具もどんどん多くなって、ボードの数三本、セイルの数七枚、その他、予備の道具を入れ、車はウインド・サーフィンの専用車が必要となって総額三〇〇万円は超えてしまうぐらい道具にかかるようになった。

新しいボードを注文して作ってもらった。カスタムボードと言って自分の体重、乗り方に合わせて作ってもらうのだ。

見惚れるぐらいにきれいな

一式車に積んで

ボードだった。

フォルムもいいし、色の基本色はブルーで当時では珍しいグラデーション、折角だからと思い、セイルも新しいセイルを下ろして、いざ、海に。

今日の海は低気圧が過ぎ去ったばかりで晴天で風が七～八メートル、波は二・五メートル、ウェーブライディングにはこれ以上の条件は無いというぐらいいい状態だった。

勇んで沖に向かってセーリングをし始めた。ボードもセイルもベストマッチングで気持ちよく滑り出した。

沖から岸に向かって仲間がやってくる。「ホウッ」とすれ違いざまに声をかける。

「絶好調だ!!　あはははは、いえい！！　最高だあーー」

目の前に大きな波が迫ってきて、その波を飛ぶつもりで、セイルを引き込み、加速する、ボードは音を立てるぐらいの勢いでスピードを早めて波に向かう。

波のトップ近くまで駆け上がった時にジャンプする様にさらにセイルを目いっぱい引き込んだ。

一瞬、セイルを掴んでいる手と足元のボードの抵抗が無くなった。波のトップからボードが勢いよく空に向かって飛んだ。

フワーーーッと短くて、長い、飛んでいる無の時間。今までこんな高く飛んだ事が無いぐらい、飛んだ。

「この飛びは、今までにない……すごい飛びだあ」

あまりにも高く飛んでしまったので、うまく着水できなかった。ワイプアウト、海に落ちた。

それでも、これほどの高さは今まで、飛んだ事が無かったので、あまりにも嬉しくてヘラヘラしてしまった。

すぐにボードに乗って、再び沖に向かおうと波の中でセイルを引き寄せた。その時、沖からさらに大きな波が押し寄せてきた。マストのトップを握り、その波に向かって、ボードを押し出し、防ごうとした。ボードは波のトップに向かったが、波が割れるのが一瞬、早かった。ボードは波に押し返され、頭の上にヒラヒラ舞った。

「あぶねえ」と思わず声を出してしまった。

マストのトップを離さず、波の中に身を沈めた。海の中でマストを握りしめ祈った。

その時、握ったマストの先から不気味なショックが伝わってくる。水中なのに「ボグン」と音がした。

「チキショー、マストを折ってしまった」

何回か波にもまれ、静かになった。

海の波はセットと言って、十五分間に一回、伊豆地方では一回に七つの大きな波がくる。この波のサイクルをセットと呼ぶ。この時、丁度、このセットに当たってしまったのだ。

普通はこのセットに合わせて、波を飛んだり、波に乗ったりするのだ。マストが折れたのは、水中で聞いた音と握っているマストの重みで判っていた。

確かめるようにマストを挙げてみた。マストは二か所で折れていた。がっかり‼　下ろしたばかりのマストが……

そのマストにセイルが風でバタバタと音を立てながら、たなびいている。

エエーーッ　セイルまで破けているのか？

下ろしたばかりのセイルも……セイルは折れたマストの部分の二か所から、ものの見事に裂けていた。

やけになって、マストにセイルを巻きながら波に再びもまれないように小さく折りたたんでいった。

その時、ボードの形が変わっている事に気がついた。

アーーーーッ、ボードが……折れている。

ボードの先、三分の一が折れて、無くなっている。そのまま捨ててしまいたい気持ちを抑え、海岸に上げた。仲間が駆けつけてくれ、その状態を見た。

「ひでぇーー」

本当に、ひでぇーー状態だった。

たった一回のライディングで三十万円近い道具を二度と使えなくしてしまった。ウインド・サーフィンの道具は間に合わせという事は出来ない。その状況に合わせて必要な道具があって、当時は三二〇センチのレース用のボード、二九〇センチのスラロームのボード、二五五センチの波に乗るウェーブのボード。セイルは風の強さに合わせて九平方メートル、八平方メートル、七・二平方メートル、六平方メートル、四・八平方メートル、三・八平方メートルと六枚以上は必要で、そのどれが欠けても気持ち良く遊ぶ事が……出来ない。

それにセイルに合わせたマスト、セイルに合わせたブーム、おまけにその道具を運ぶためには、ウインド・サーフィン用だけの車が必要なのだ。

一度、その世界に足を踏み込んでしまうと道具が揃っていないと話にならない。今回、壊してしまったボードとセイルとマストを買いなおすには三十万はかかる。

ウインド・サーフィンを続けるか？　止めてしまうか迷った。迷ったが、迷ったところで買い足す資金を考えると止めざるを得ない状況だった。

四十歳、十一年間続けたウインド・サーフィンに見切りをつけた。

パラグライダーを始める

空を飛ぶ遊びに最初に出会ったのは、二十四歳の時、東京の祐天寺の菓子屋に勤めている時だ。

その店の社長が当時の『平凡パンチ』という雑誌を読んでいるのを後ろから覗き見た時に、本の写真にハワイのダイヤモンドヘッドが写っていて、その空を三角のタコの様な物が写っていた。

ハンググライダーだった。

三角の形のグライダーにブランコの様にぶら下がり、飛んでいる写真が載っていた。

それを見た途端、いても立ってても居られない気持ちになって、『平凡パンチ』の編集社に電話をした。

電話に出てくれた編集社の人は非常に親切で、その飛行物体がハンググライダーと呼ぶ事。日本では来月、長野の青木湖のやなばスキー場で第一回のハンググライダーのスクールが開催されること。それと電話番号を丁寧に教えてくれた。

すぐに電話した。会社はマイクハーカー・デルタクラブ。社長にお願いして休暇を貰い、講習に行った。

三日間の講習では、たんに飛べたと言う程度で、操縦した感じではなかった。その後、ハンググラ

大空を飛んでいる「面白そう」

イダーはそのままになってしまい、いつの間にか空の事はウインド・サーフィンに夢中で忘れていた。

店の前にハンググライダーを積んだ車がよく駐車していて、絶えず、その車は気になっていた。

ある時、その車の持ち主に思い切って声をかけた。その人の名前は野村さん、その人は生け花の家元でハンググライダーも教えていると言う。

「何かの時に教えてくださいますか？」

「ああいつでもいいよ」とやさしく返事をしてくれた。

数日後、店にお兄ちゃんの様なおっさんの様な人物が訪ねてきた。

鈴木と名乗るその男、店に入って来て口の中でモゴモゴしながら、

「野村さんに言われてきたけど、今、あんまりハンググライダーを教えていないんだけど……」聞き取れにくい声で言った。

「今度、結婚するんで、ウェディングケーキを作ってくれると嬉しいん

だけど」

その事ははっきりと言った。

ケーキの注文なのか？　この男の話は聞き取りにくいし、話がぶっ飛んでいて、理解しにくい。

かみさんに「あいつ、何言ってんだか？　判らんけど、ウェディングケーキを注文したいらしい、ぶっ飛んでるぞ」

そしたら、かみさんが「だって、ぶっ飛んでる人だもん」

そうだ!!　空を飛んでいる人かあ……面白い。

初めて会った人間に結婚式に出て貰いたいし、ウェディングケーキを作ってもらいたいとの話。どうなっているのか判らないが作ってあげる事にした。

これが、空を飛ぶ仲間の出会いだった。

式は三週間後で、伊豆稲取で行われた。口の中でモゴモゴ話す鈴木さんは式に出席している他の誰に聞いても、はっきりと話さないので有名だった。

式が終わり、一週間ぐらい経った頃、鈴木さんが店にきて相変わらず口の中でモゴモゴ話す。

「最近よう、パラっていう物がヨーロッパから入ってきてるけど、あまり高く、飛ばねえんだよ」

「山をすれすれしか、飛ばねえ、あれは機体がデイバッグをちょっと大きくしたぐらいだからだな……」

私も飛べるようになった

「ん？？　今？？　なんて言った？」

「だから……山、すれすれしか飛ばねえ」

「鈴木さん、それ、流行るよ」

「はしり」の予感がした。

その頃のパラグライダーは山に登って——降りてくるのが面倒なので——飛んで降りてくる道具で、ヨーロッパから始まったという四角いパラシュートなのだ。

大きさはデイバッグぐらいの大きさで、本当に山をすれすれにしか飛ばない。そのパラグライダーを鈴木さんに教わる事にした。

彼のエリアは稲取の三筋山と言う山で、伊豆でも珍しい広大なススキの原で、伊豆にもこんなところがあるんだなあと思うほど大自然の中にある。

さあ、いよいよパラグライダーのデビューだ。

パラグライダーは四角いパラシュートの前側に穴の開いた袋があって、

その袋に風を当て膨らませて翼を作り飛ぶ構造になっている。

山の上で、パラグライダーを開き、崖の様な傾斜に向かって死ぬ気で走る。

「いい!! 死ぬ気で走らないと飛ばないよ」と言われていた。

本当に死ぬ気で走らないと当時のグライダーは飛ばなかった。

離陸しないまま、山を駆け下りるだけで終わってしまう事も度々あって、その度にグライダーを担ぎ、山に上がり、また死ぬ気で駆

飛んでしまえば気分「最高」

け降りる。

午前中、七回チャレンジして、まともに足が浮いたのは一回だけだった。昼飯を食べ、午後の講習が始まった。

「午後から、少し風が吹いてきたので……うまく飛べるかも」と、インストラクターの鈴木さんが……モゴモゴと言った。

昼飯もそこそこに済ませ、風が気持ちよく吹いている山の上で構えた。その時、妙な胸騒ぎ、

「鈴木さん!!　上に飛んだらど

着地「上手い」

うすればいいの？」

「大丈夫、そんなに簡単には飛ばないから!!」

「そうなの？　……でも飛んだら……どうするの？」

「大丈夫だって!!」

何となく気持ちがザワザワしたままだったけど、構えて、崖の傾斜に向かって死ぬ気で走った。その時、風がブワッと吹いた。

グライダーは風をはらみ、すごい勢いで身体をグーーッと持ち上げ、あっという間に十メートルぐらい上がったのだ。

「だからーーー、飛んだら、どうするのって聞いたじゃないかーー」

鈴木さんは、マイクロホンで「右、右、右引いて」叫んでいる。

「エッ、右を引くって？？　右を引いたら森の方に行ってしまうのに？」

「早く!!　右を引いて、右、右」こんなに鈴木さんがはっきり言える人だと思わなかった。右手につかんでいるコントロールラインというものを引いた。

グライダーは右側の森の上空に向かって一直線で飛んでいく。

「違う、右だよ右」

「だからーーー　右を引いてるじゃないか」大声で叫び返した。

「アッ、違った、左だった!!　ひだりーー」

もう遅いよ……グライダーは森の上にいて、高度はドンドンと落ちて、足元に森の木が迫ってきた。

バサッバキバキ、バサーと音を立て、木に引っ掛かった……

身体は木と木の間に宙ぶらりんで、近い方の枝をつかみたぐり寄せた。

初めて空を飛び、初めてのフライトでツリーラン。

鈴木さんはマイロホンを使って大声で「○×○×※」もう、何を言ってんだか……判らなかった。

見事に木に引っ掛かり、俺は宙ぶらりんとなって、どうする事も出来ない。

「大丈夫かあ??」……

「大丈夫じゃないに決まってんだろう!!」

そんな時ばかり、大きな声で言ったって……遅いんだよ。

パラグライダーデビューだった。

「さあ、また飛ぶぞ」

下血と幽体離脱

遊びと、働き過ぎ――反動が来た。

三十七歳の十二月、年末はお菓子屋さんにとっては一番忙しい月で、お歳暮から始まり、クリスマス、年末年始のお使い物と休む暇が無いほどだ。

それでも時間が、ちょっとでもあれば、夜はテニスに行って、その帰りはちょっとと言いつつ仲間と飲んでいた、遅くなってしまうと、そのまま家に帰らないで町中の自分の店に泊まり、眠る時間をさいて働き、遊ぶ。眠る時間さえも惜しむので、食べる時間も惜しんでいた。

そのころのモットーは「早飯、早糞、即寝は芸のうち」一分間でラーメンを食べ終わると自慢していたのだ。

その大事件は暮れも押し迫った二十六日　クリスマスが終わってほっとした日に起こった。

午後から何となく身体の調子がいまひとつで、身体がもぞもぞする。昼過ぎにトイレに行った時にトイレットペーパーに血が少し付いた。

この夜はウインド・サーフィンの仲間の忘年会があった。いつもは明け方まで飲み歩く自分が、その日に限ってどうしようもなく夜になっても気分がヘンだったので、忘年会が始まって一時間もしないのに、

「わりい、今日はどうしても何か!!　調子が悪いから帰るわ」と忘年会を中座して家に帰る事にした。

「具合が良くなったら!!　戻ってきてね」という仲間の言葉を尻目にほとんど飲まず、食べずに車に乗った。

運転をしていたら、お腹が急に痛くなって、家まではもたないと思い、家までの途中にある店に寄ることにした。店のシャッターを大慌てで開け、

トイレに駆け込んだ。

「お腹が痛い、下痢だ」子どものころの薬害のせいか、もともと私は腸が弱い、何か変なものを食べるとすぐ下痢をしてしまう、にもかかわらず異常とも思えるぐらい早食いだった。

「フーーーッ良かったーー間に合って」

さっぱりして落ち着き、便器を見て血の気が引いた。

「真っ赤だ」

「どうして？？　痔か？？」アッまたお腹が痛くなってきた。もう一度、便器に座った。ドバアッーと真っ赤な血が出た。

後頭部に寒気が走り、身体がブルッとした。

「これは只事ではない」

トイレのドアを開けて、ちょっと腰を伸ばしたところに電話機があったので震える手で受話器をとり、消防署のウインド・サーフィンの仲間に電話をかけた。

「もしもし、俺だけど……あのな、おしりからとんでもなく血が出ているんだけど、止まる様子が無い」

「それじゃあ　救急車に乗ったら、死んでしまうよ、救急車は一回、夜間救急病院に行く事が決まりになってるから」

「受け入れてくれる病院を探すから誰か連れてってくれる人を探しておいて」

そいつのすごい判断力だった。電話を切って、もう一人のウインド・サーフィン仲間の太田富士夫君に電話をした。

「ちょっと大変な事になってしまっているので、すぐ来てくれ」

彼はなぜか私の言うことを何でも聞いてくれた。

眠そうな声だが「うん!!　判った、すぐ行く」

それから家に電話をした。「もしもしーーこんな遅くに……どうしたの？」とカミさんが眠そうに言った。

鼻から息を吸い込み冷静さを装い、「落ち着いて、聞いてくれ、今、おしりから血が出て、止まらない、消防署の友達に連絡して病院を手配してもらっている」

「行く先の病院がわかったら、また連絡をするから」

「わかった……気をつけて行って」

と冷静な返事が返ってきた。

家への電話を切った瞬間に電話のベルがなった。消防署の友達だった
「長岡の順天堂病院に行って!!　話は通してあるから」
その間にもトイレに行かなければならないほどの状況だった。
太田富士夫君はコンクリートミキサー車の運転手で普段はゆっくりと

した運転をする男だが、この時は「アレッ、彼もこんな速さで車を走らせる事が出来るんだ」と感心するほどの早い運転をした。

血が出てから病院の手配、太田富士夫君への電話と家の電話を含め、三十分ぐらいで準備ができた。

順天堂までは山を越えて、いつもだったら一時間ぐらいはかかる。夜だということと太田君が飛ばしてくれたことで、四十分ぐらいで順天堂病院に着いた。深夜の病院だが、人が二〜三人、待っていた。

看護婦さんに血が止まらない旨を伝え、すぐに見て貰える事になった。診察室に入ったら若い医師が前の人のカルテを書きながら、

「どうしました？」と聞いた。

「おしりから血が出て止まらないんです」

「いつからですか？」

「…………一時間半ぐらい前から」

「そうですか」と悠長にカルテを書いていた。

「先生、すみませんが……トイレに行っていいですか？」

また、出血していてトイレに行きたかったのだ。

「あっどうぞ‼　行ってきてください」

ふらつく身体だが、さっと立って、トイレに向かい、部屋を出ようとドアノブに手をかけた。


気がついたら集中治療室の冷たく細い小さなベッドの上だった。胸にはいろいろな線が繋がれペタペタと貼ってあって、周りに精密機械が忙しそうに音を立てながら動いている。

見渡すと三人のお医者さん、当直していた若いお医者さんに、この部署では一番えらい先生と思われる三十五〜三十七歳ぐらいのドクターが「何でもっと早く呼ばなかったんだ」と言っている。

若い医師が「でも、先生、このクランケ、外来で来て、診察してた時も冷静で、こんなひどい状態に見えなかったです」

「お前、そんな訳はないだろう」とドクターが言ったが……ぼーーっとした頭の中で「そうなんだよ、若い先生の言うとおり」なんだと思った。

ドアノブに手をかけて出ようとした時、そのまま崩れ落ちるように倒れ、出血した血が床に流れたらしい。

出血はなかなか止まらず、出血した血がお腹の中にある程度、溜まるとドバーッと、おしりから出てくる。

ドバーッとくるたびに失神する。何回目かの失神のあと、ドクターが「オイオイ!!　この人の家族、呼んでいるのか？　逝っちゃうぞーー」

……俺ってそんなに具合が悪いのか？

目を開けて周りを見渡していると、ドクターが、

「おっ、気がついたか」

「先生、何ですか？」

「うん、考えられるのは痔の大出血か、最悪は直腸ガンの出血か、今のところ判らないけど、ともかく今は出血を止めることが先決だ」

「ふーーん直腸ガンが考えられるのか」

目を閉じて、どうなるんだろうと考えた。

再び、目を開けると、病院に連れてきてくれた太田君が白い紙の上っ張りを着て脇に立っていた。

なるべく力無さそうに見えるように手をあげ、人差し指をクイクイと曲げて呼んだ。彼は眼をパチパチさせながら顔を近づけてきた。

その太田君の耳元で囁いた。

「ありがとう、世話になったな、俺が、俺が死んだら……ウインド・サーフィンの道具は……お前に……全部……あげる」

呻くように言った。

太田君は引きつった顔で「今、そんな事を言っててん時じゃないよ」と真剣に答えた。

すかさず「ばーーか、冗談だよ」と言った。

その直後、また出血して気を失った。


長い時間が経っているのか、それとも瞬間なのか、夢を見ているのか現実なのか判らない、長い気持ちのいい眠りから覚めた感じがした。

頭の中はスースーして身体はフワフワして、とても気持ちがいい。向こうにベッドが見え、周りにはお医者さん達が事故でもあった人なのか？　誰かの処置をしている。どこかで見た事があるような……身体つき、腕、足、誰だろう？

……お、俺だ、俺の身体が見える。どうして？　俺の身体が見えているのだ!!　他人事のように自分の身体を見ている自分がいる。横たわっている自分を横から見ていた。理解できない複雑な気持ちだった。

その時、輸血！　輸血の準備！　とドクターが言った。

浮遊の意識の中で輸血はいやだと思った瞬間に自分の身体に戻っていた。戻った身体は呼吸も苦しく、身体全身は重く、寒気を感じて不快だった。

吐き気もあって、「不快だ」。何とか「オーーイ」と声を絞り出した。その声に気がついたドクターが寄ってきて、耳元で「何だ!!」と聞いたので「輸血はやめてくれ」と言った。

「何で？　宗教か？」

引きつっている顔を無理にニヤリとさせ、「違う!!　エイズが怖いじゃないか」と言った。

ドクターは「面白い男だなあ、わかった、何とか輸血をしない方向で考えてみる」

「だけど、どうしても……駄目だったら、輸血させてもらうからな」と言ったので、黙って……うなずいた。

ドクターは「輸血なしでいくぞ、点滴を増やせ、リンゲルを〇本」両方のわき腹に一本づつ、両腕に一本づつ計四本の点滴が始まった。身体中に虫が這っているような感覚になった。身体をひねり、のたうちまわった。呼吸も上がり苦しい。

その時、ドクターが覗き込んで「さすがのお前も、苦しそうだな」「今、楽にしてやるから」と言って、腕に注射を打った。

瞬間、目の前に見えるものがセピア色に変わった……それも見えなくなって気を失った。


目が醒めた、ゆっくりと見渡すと周りには何台ものベッドがあって、重症な人達がコードに繋がれ、横たわっている。まだ……集中治療室か。

看護婦さんが隣に寝ている人の包帯を替えている。それが終わるのを待って「すみません」と声をかけた。

「あっ気がつきましたか？」

「何時ですか？」と聞いた

「三十一日の午前九時です。家族の方に意識が戻ったことを伝えますね」

やさしく言ってくれた。

まだ、……生きている。三十一日かあ、三日間、意識不明で寝ていたのだ。

「三十一日？？　大晦日だ」

年明けを病院で迎えたのは生まれて初めてだった。

正月の病院は医師、看護婦さんが正月休みのために検査はできない。診察もできないので外泊許可の下りた人達は自宅で正月を迎える。

そのため、病院内に残っている患者さんは「かなり重症」の人か、この期間に交通事故などの緊急で入院した人達だけなので、院内はわりと静かなのだ。

正月が明けて三日にはかなり回復して、出血も止まり、顔色も戻っていた。スタンドにかけた点滴を引きながら自分でトイレに行くこともできた。運が悪い事に年末年始だったので、検査などは八日からなので、それまでは何も食べられずに点滴だけだった。

点滴は不思議だ。黄色の液体を身体に注入しているだけで、喉もかわかない、気分的に水が飲みたいと思うけど実際、喉は潤っている。

お腹はすくけど……我慢できる。

食べる事もなく、点滴に繋がれているので、あまり動く事が無いので、暇なのだ。何もする事が無く、暇なのだ。

なにか気を紛らわそうと、ウオークマンを持ってきて貰い、当時ヒットしていたトップガンのテーマを聞いていたら、なんか気分が高揚してきて、マドンナのライク・ア・バージンを聞いて、少し身体を動かし始めた。なんか調子がいいぞ、早く社会復帰ができるように身体をちょっと鍛える事にしようと考えた。

足をベッドに掛け、腕立て伏せを始めた。一回、二回、三回……四十一回、その時「回診です」と看護婦さんの声がしたので、慌てて腕立て伏せを止めて、ベッドにもぐり込み、寝ているふりをした。

「杉本さん回診です」と声をかけられたので毛布をまくり、顔を出した。

ドクターが「杉本さん！　何？　してました？？」と聞いた。

何を聞いているのか分からなかったので「何も！　してません」と答えた。

ドクターが「じゃあ、これは何ですか？」と点滴のビニール袋を手に取っ

て振った。そのビニール袋に入っている黄色い点滴液が真っ赤になってい
るのだ。
点滴をしたまま腕立て伏せをしたので、血液が逆流して点滴のビニール
袋まで上がってしまったのだった。
「検査が終わるまで……なるべく静かにしていてね」
このドクター、なかなか粋な男だ。

こんな勇ましい話だけではない。大量出血の晩、ドクターの言った「直
腸ガンからの出血も考えられる」という言葉がひっかかった。
その時は腹をくくり、「なるようになるさ」と本当に思ったが、自分の
身体が復調して、元気になってくると生への執着心が大きく膨らみ、この
先、ガンで死ぬかもしれないと考えたら、夜も眠れなくなってしまった。
まして病院ではする事もなく、ただ寝ているだけである。考える時間は

たっぷりとある。その時間を死に対して考える訳だから胸をかきむしられる感じだ。

一月三日から検査が始まり、七日の前夜までの四日間は、ほとんど寝れない夜が続いた。昼間は見舞客が多くて、陽気にふるまっていたが、その陽気にふるまうこと自体が相当につらいのだ。

夜はその反動で悲しくなるのである。

この経験から　重症な人の見舞いは行かないように心掛けている。

入院は十四日間だった。結局、原因は判らず、大腸炎の出血と診断された。

以下、中年期に続く。

One Coin Books

ワン コイン ブックス とは、
手軽に楽しめる錬堂ワールド本として、錬堂自らが著しシリーズで発刊していきます。

杉本錬堂（すぎもと　れんどう）

1950（昭和 25）年 静岡県伊東市生まれ 。

海上自衛隊を経てパティシエとなり『菓子の木』を開業（ 27 歳)。45 歳から天城流湯治法としての健康法及び温泉療法をまとめ始める。

2001 年、NPO 法人錬堂塾を設立。2007 年（57 歳）1 月から全国行脚を開始、4 月にはペルーで開かれて世界民族長老会議に日本からのオブザーバーとして参加。

現在は、天城流湯治司として世界を股にかけ年間 300 日を超える旅を続けている。

ワン コイン ブックス 2

神々の試練 世界のシャーマンに認められた男
— 青春期2 —

2016（平成28）年12月23日　第1刷発行

著　者　　杉本 錬堂
発行者　　斎藤 信二
発行所　　株式会社　高木書房
〒114‐0012
東京都北区田端新町1‐21‐1‐402
電　話　　03‐5855‐1280
FAX　　03‐5855‐1281
印刷・製本　株式会社ワコープラネット

ISBN978-4-88471-450-5　C0123

ワン コイン ブックス　シリーズ

神々の試練　世界のシャーマンに認められた男

―少年期・青春期1―　既刊

―青春期2―　本書

―中年期―　予定

以下、続く